VICOMTE DE BONALD

La
Maison d'Armagnac
au XVe Siècle

RODEZ

IMPRIMERIE CARRÈRE

1909

LA
MAISON D'ARMAGNAC
AU XVᵉ SIÈCLE

DU MÊME AUTEUR

Documents généalogiques sur des Familles du Rouergue. Deuxième Edition. 1 vol. gr. in-8°. Carrère éditeur, Rodez.

Un procès aux XVIe *et* XVIIe *siécles.* Carrère éditeur, Rodez. — (Epuisé.)

Renault l'Invincible (Paul-François de Gaulejac), récit des guerres de Vendée. H. Champion, éditeur, Paris. — Prix, 3 fr. 50.

Les Comtes de Rodez et les Seigneurs de Bénavent. H. Champion éditeur, Paris. — Prix, 1 fr. 50.

Mademoiselle Aminte et Monsieur le Mareschal de Montendre. Plaquette sur papier de Hollande, avec deux héliogravures, tirée à 300 ex. numérotés. H. Champion, éditeur. Paris. — Prix, 10 fr.

François Chabot, membre de la Convention, 1 vol. avec 2 héliogravures. 2me édition. Emile Paul, éditeur, Paris. — Prix, 5 fr.

VICOMTE DE BONALD

La
Maison d'Armagnac

au XVᵉ Siècle

RODEZ

IMPRIMERIE CARRÈRE

1909

LA MAISON D'ARMAGNAC

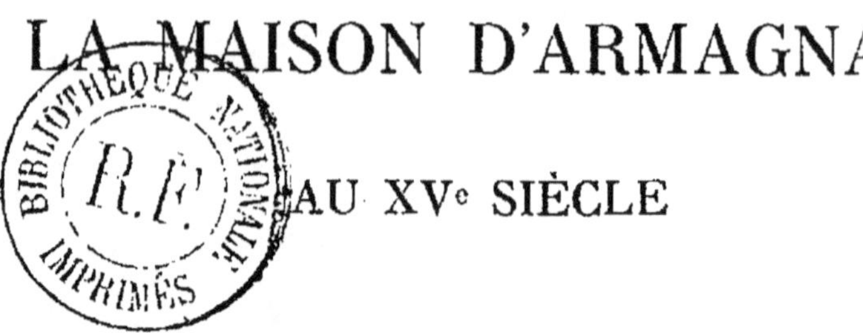

AU XVᵉ SIÈCLE

Sous le titre de « *La Maison d'Armagnac au XVᵉ siècle et les dernières luttes de la Féodalité dans le midi de la France* », M. Samaran, archiviste aux Archives nationales, vient de publier une étude fort importante et pleine d'intérêt pour tous ceux qui s'occupent de l'histoire de notre province.

On sait quelle place considérable les d'Armagnac ont tenue chez nous : il ne faut donc pas s'étonner si l'on trouve presque à chaque page du livre de M. Samaran, quelque fait concernant le Rouergue.

Ce livre est de ceux qu'on ne saurait analyser, et si j'essaie d'en extraire quelques épisodes c'est uniquement dans l'espoir de donner à ceux qui me liront le désir de le connaître.

I.

Jean IV d'Armagnac, vicomte de Lomagne, n'avait que vingt-deux ans lorsqu'il succéda à son père, le comte Bernard VII, massacré à Paris par la populace, le 12 juin 1418.

En ce temps là, deux partis se disputaient la France ; l'un tenait pour Henri V qui s'intitulait roi de France et d'Angleterre, tandis que l'autre demeurait fidèle à Charles VI.

Jean IV, allié par son père et par deux de ses tantes aux maisons d'Orléans, de Berri, de Bourbon et de Savoie, avait épousé en premières noces Blanche de Bretagne, fille de Jean V, duc de Bretagne, dont la veuve était devenue reine d'Angleterre. On pouvait donc se demander lequel des deux partis il embrasserait.

Depuis longtemps déjà il était question de son mariage avec l'Infante Isabelle, fille de Charles III, roi de Navarre, son oncle par alliance (1). Une dispense était nécessaire. Jean IV la demanda au pape Benoit XIII (2) qui l'envoya le 18 janvier 1417, et, deux ans plus tard, le 10 mai 1419, le mariage eut lieu par procuration au château de Tudela, non loin de Pampelune.

Parmi les procureurs du comte, nous remarquons Pierre de Mayres, juge de la Cité de Rodez (3).

Une des conséquences de ce mariage fut de rendre encore plus fréquentes les relations qui existaient déjà entre la Navarre et l'Armagnac, et d'amener la conclusion d'une alliance entre Jean IV et son oncle Charles III. Les termes en furent arrêtés le 13 juin 1421 : le roi promettait à son neveu « secours et assistance envers et contre tous, sauf le roi de France, le dauphin de Viennois, et le comte de Foix. »

---

(1) Blanche de Bretagne, première femme du comte Jean IV, était fille d'une sœur de Charles III.

(2) Benoit XIII (Pierre de Luna) était un des papes qui furent élus en Avignon pendant le schisme.

(3) On trouve Pierre de Mayres commissaire délégué du Comte d'Armagnac de 1376 à 1419. (Arch. de l'Av., C. 1333, 1338, 1344, 1345, 1357, 1359). En 1651 François de Mayres était syndic du Haut Rouergue. (Arch. de l'Av., E. 355).

Quatre ans après, le 4 juin 1425, le comte d'Armagnac chargea Bégon d'Estaing (1). Pierre Ameilh et Alphonse de Bresciano de prêter, en son nom, foi et hommage au roi de Castille et de Léon. Pour justifier cet acte invraisemblable, il invoquait la communauté d'origine qui rapprochait, disait-il, les maisons de Castille et d'Armagnac, et dont il voyait une preuve dans la présence des lions de Castille dans les armes des d'Armagnac.

Jean IV, comme on peut le remarquer, ne s'embarrassait guère de ses devoirs de fidélité envers le roi de France. D'ailleurs il n'avait pas attendu jusque là pour se séparer de son suzerain. Le grand Schisme d'Occident lui en avait fourni l'occasion.

Après l'abdication de Grégoire XII, lorsque Martin V fut élu pape en 1417, Bernard VII d'Armagnac, suivant l'exemple de presque tout le royaume, avait reconnu le nouveau pape, et les envoyés qu'il avait chargés de lui porter sa soumission approchaient de Genève au moment où le comte fut massacré. Jean IV et sa mère Bonne de Berri envoyèrent de nouveaux ambassadeurs qui firent amende honorable, en audience publique, et reçurent, le 13 décembre 1418, le pardon de Martin V. Au nombre de ces ambassadeurs se trouvaient Aymeri de Castelpers, vicomte d'Ambialet (2), conseiller de Jean IV, et Bernard de Bertholène, chanoine de Rodez.

Mais la soumission du comte n'était qu'apparente. Au lieu de rompre toutes relations avec Benoît XIII, Jean IV ne songea qu'à les multiplier. Il obtint de nombreuses faveurs spirituelles : concession d'autels portatifs, indulgences

---

(1) Fils de Jean d'Estaing et d'Elis de Pierrefort.
(2) Aymeri de Castelpers, fils de Brenguier de Castelpers.

spéciales, dispense pour son mariage avec l'Infante Isabelle, etc. Ses partisans ne furent pas oubliés, et nous voyons parmi les privilégiés Bégon d'Estaing, sa femme Jeanne de Lestrange, Guillaume de Solages et N. de Raffin.

De plus, en 1419, Jean IV fit des difficultés pour recevoir le nonce Géraud de Brie, envoyé par Martin V. A dater de ce jour, il embrassa ouvertement le parti de Benoît XIII qui, de son côté, prit énergiquement sa défense et chargea Jean Carrier, archidiacre de Saint-Antonin, de poursuivre les partisans de Martin V « toutes les fois qu'il en serait requis par le comte d'Armagnac ou par son frère le comte de Pardiac, et d'adjuger à ces deux seigneurs les biens des prétendus schismatiques ».

En présence de cette attitude, Martin V fit introduire un procès en Cour de Rome, et le comte d'Armagnac fut cité à comparaître dans un délai de quatre-vingt-dix jours.

Pendant ce temps, celui-ci faisait venir de Péniscola (1), où résidait Benoît XIII, le chrême qui devait servir au baptême de son fils, et il soutenait, de tout son pouvoir, Jean Carrier, qui, retranché dans le château de Tourène (2), résistait vigoureusement aux attaques de Géraud de Brie.

Celui-ci n'ayant pas été reçu par le comte d'Armagnac entama une procédure contre huit des principaux partisans de Benoît XIII, et, le 24 juillet 1420, il en condamna sept autres parmi lesquels : Pierre d'Augnac, abbé de Bonnecombe, Jean Robert, abbé de Bonneval, Jean

---

(1) Petite ville d'Espagne, province de Valence.

(2) Le château de Tourène, aujourd'hui détruit, s'élevait sur un rocher escarpé, au bord du Viaur, entre la Guitardie et le Bouissou, commune de Crespin. Il y a encore sur la rive opposée un moulin qui porte le même nom.

Fabre, frère prêcheur, Jean Carrier, Bernard Garnier (le futur Benoît XIV) et Jean Serinh.

Pierre d'Augnac étant mort, Jean IV fit nommer à sa place par Benoît XIII, un fils d'Aymeri de Castelpers, nommé Hugues, et qui n'appartenait même pas à l'Ordre de Citeaux.

Aidé par de nombreux amis, le Nonce mit le siège devant le château de Tourène, mais au bout de quelques mois il dut se retirer sans avoir pu s'emparer de la place.

Cependant, à la mort de Benoit XIII, survenue en 1422, Jean IV rétracta ses erreurs dans la cathédrale de Toulouse, et promit de reconnaître le même pape que le roi de France. En dépit de cette promesse il n'en continua pas moins d'obéir à Clément VIII, successeur de Benoît XIII.

Quelque temps auparavant, le 12 décembre 1423, Jean Carrier, ayant appris la mort de Benoît XIII, s'était rendu à Peniscola, pour y faire une enquête sur la façon dont on avait élu Clément VIII. Cette enquête dura plus de deux ans, au bout desquels Jean Carrier, tenant à lui tout seul un conclave, élut pour pape Bernard Garnier, dont nous avons déjà cité le nom, et qui était sacriste à Rodez. Celui-ci devait prendre plus tard le nom de Benoît XIV. Après avoir ainsi donné un troisième chef à l'Eglise, Jean Carrier rentra en Rouergue, où le comte d'Armagnac lui désigna pour asile le château de Jalenques, situé aux portes de Naucelle.

A bout de patience, Martin V promulgua la condamnation de Jean IV qui fut déclaré « schismatique, hérétique, relaps, et privé de toute dignité ».

Encouragé par Etienne de Gand, « maître en sainte théologie », Jean IV essaya de résister, mais lorsque Clément VIII, cédant aux instances d'Alphonse V, roi d'Aragon, eût déposé la dignité pontificale en faveur de Martin V, il se hâta d'abjurer l'hérésie, et dès les premiers mois de 1430, il envoya deux ambassadeurs, Bégon d'Estaing et Raymond Ricard, chanoine de Cahors, implorer le pardon du pape légitime. Celui-ci se laissa fléchir et restitua au comte d'Armagnac ses biens et ses dignités.

Ainsi, pendant toute la durée du schisme, l'attitude de Jean IV avait été indécise, et changeante. Quels en furent les motifs ? C'est ce qu'il serait assez difficile de dire. Celui qui s'intitulait volontiers « comte par la grâce de Dieu » pensait-il que lui seul pouvait avoir raison contre la chrétienté tout entière, ou bien avait-il quelques doutes sincères sur la légitimité de Martin V ? La lettre qu'il adressa à Jeanne d'Arc semblerait donner une certaine vraisemblance à cette seconde hypothèse.

« Ma très chière dame, écrivait-il en 1429, je me recommande humblement à vous, et vous supplie pour Dieu, actendu la division qui en present est en Sainte Eglise universal sur le fait des papes, (car il i a trois contendans du papat : l'un demeure à Romme qui se fait appeller Martin quint, auquel tous les rois chrestiens obéissent : l'autre demeure à Paniscole, au royaume de Valence, lequel se fait appeller pape Climent VII [I], le tiers en ne scet où il demeure, senon seulement le cardinal de Saint Estienne [Jean Carrier] et peu de gens avec lui, lequel se fait nommer pape Benoist XIIII, le premier qui se dit pape Martin fut esleu à Constance par le consentement de toutes les nacions des chrestiens : celui qui se fait appeller Climent fut esleu à Paniscole après la mort du pape Benoist XIII par trois de ses cardinaulx, le tiers qui se nomme pape Benoist XIIII à Paniscole fut esleu secrétement, mesmes par le cardinal de Saint Estienne), veulliez supplier à Nostre Seigneur

Jhesuscrit que, par sa miséricorde infinite, vous
veuille par vous declarer qui est des trois des-
susdiz vray pape, et auquel plaira que on
obéisse de ci en avant, ou à celui qui se dit Benoist et auquel nous devons croire, si secrete-
ment ou par aucune dissimulation ou publique
manifeste, car nous serons tous prestz de faire
le vouloir et plaisir de Nostre Seigneur Jhesu-
crist. Le tout vostre conte d'Armignac. »

En recevant cette missive, Jeanne d'Arc dut
être bien surprise, car, sans doute, elle n'avait
jamais entendu prononcer le nom de Benoit XIV
ou de Clément VIII, et ses « voix » ne l'avaient
pas entretenue du schisme d'Occcident. Toute à
la préparation de sa marche sur Paris, elle fit
au messager du Comte quelques recommanda-
tions verbales et le congédia après lui avoir remis la réponse suivante qu'elle avait dictée, au
moins en partie.

« Jhesus Maria. Conte d'Armignac, mon tres
chier et bon ami. Jehanne la Pucelle vous fait
savoir que vostre message est venu par devers
moy, lequel m'a dit que l'aviés envoie par deça
pour savoir de moy auquel des trois papes que
mandez pur mémoire vous devies croire. De laquelle chose ne vous puis bonnement faire savoir au vray pour le present, jusques à ce que je
soye à Paris ou ailleurs, à requoy, car je suis
pour le present trop empeschiée au fait de la
guerre. Mais quant vous sarez que je seray à
Paris. envoiez ung message par devers moy et je
vous feray savoir tout au vray auquel vous de-
vrez croire et que en aray sceu par le conseil de
mon droicturier et souverain seineur, le Roy de
tout le monde, et que en aurez à faire, à tout
mon pouvoir. A Dieu vous commans : Dieu
soit garde de vous. Ecrit à Compiengne, le XXII
jour d'aoust. »

Cette réponse fort adroite n'était guère compromettante, cependant on y voulut voir ce qui ne s'y trouvait pas, et l'on en prit prétexte pour accuser Jeanne d'Arc d'avoir méprisé l'autorité de l'Eglise et les décisions du Concile.

La renonciation de Clément VIII avait amené la fin du schisme qui désolait l'Eglise depuis plus d'un demi-siècle. Il ne faut pas pourtant croire que tous les schismatiques se soient immédiatement soumis. Le mal avait des racines trop profondes pour disparaître tout d'un coup, et le schisme dut se perpétuer en bien des endroits si l'on en juge par le Rouergue où nous en retrouvons des traces jusqu'en 1467.

Non loin de La Salvetat Peyralès, dans la paroisse de Montou, il y avait un hameau appelé Le Coulet, où vivait, au commencement du xvᵉ siècle, une famille du nom de Trahinier. Le chef de cette famille exerçait le métier de forgeron, et il avait auprès de lui deux fils, Pierre et Baptiste, et une fille, Jeanne.

Vers 1432 on s'aperçut que cette famille s'abstenait de fréquenter l'église paroissiale, et qu'elle allait recevoir les sacrements soit à Cadoulette, soit à Murat, où se trouvaient plusieurs prêtres schismatiques, notamment Jean Moysset, Guillaume Nohalhac, et Jean Farald qui fut créé cardinal par Benoit XIV.

Les Trahinier considéraient Martin V comme un antipape et reconnaissaient Benoit XIV. Quelques années plus tard, vers 1446, Pierre Trahinier, l'aîné des fils, eut des démêlés avec l'Inquisition, et fut écroué à Najac. Pour échapper à une condamnation certaine, il promit d'obéir au pape de Rome, mais, à peine en liberté, il s'empressa de manquer à ses engagements.

Alors les Trahinier abandonnèrent leur maison pour mener une vie errante, et pendant vingt ans ils se cachèrent dans les bois, vivant des charités de leurs amis et du produit des quelques journées de travail qu'on leur procurait de temps à autre. Ils ne fréquentaient que les prêtres de leur secte. Vers 1465, ils communièrent, pendant la nuit, des mains de Jean Farald, dans le bois des Infournats, paroisse de Joqueviel. En 1467, ils habitaient à La Solairie, hameau de la même paroisse, lorsqu'ils furent arrêtés et écroués à Rodez. Seul, Baptiste Trahinier parvint à s'échapper.

Le procès commença devant l'Officialité diocésaine. L'attitude des Trahinier fut des plus fermes. Ils reconnaissaient pour pape Jean Carrier, que le cardinal Farald, avait, à lui tout seul, élu pape à la mort de Benoit XIV (Bernard Garnier), et qui avait pris le même nom que son prédécesseur. Ils ignoraient qu'à ce moment là Jean Carrier était mort. Plutôt que d'entrer dans « l'Eglise maligne » ils préféraient, disaient-ils, perdre leurs biens et leur liberté.

Jean Trahinier mourut pendant le procès, sa fille abjura ses erreurs, et son fils Pierre se contenta de faire appel au roi. Cependant le 25 mai 1467 Pierre et Jeanne furent conduits sur la place du Marché Neuf à Rodez, où on lut leur sentence. Jeanne absoute de l'excommunication fut condamnée à la prison perpétuelle, et au pain et à l'eau. Quant à Pierre il fut livré au bras séculier, et quoique ceci ne soit pas absolument prouvé, tout fait supposer qu'il fut condamné à mort.

En lisant le récit de ce procès on ne peut se défendre d'une profonde pitié pour ces malheureux qui payèrent, l'un de sa vie, l'autre de sa liberté, leur égarement, mais dont il semble bien difficile de contester la bonne foi.

II.

En même temps qu'il luttait contre la Papauté, le comte Jean se trouvait aux prises avec les routiers et les troupes anglaises dont le voisinage ou la présence sur ses domaines étaient un danger permanent.

A cette époque il était d'usage de recourir, pour faire la guerre, à des compagnies d'aventuriers, bien supérieures aux troupes recrutées par la noblesse, mais qui, en revanche, la guerre finie, refusaient parfois de se dissoudre, et allaient offrir leurs services à qui voulait les accepter. Souvent même elles guerroyaient pour leur compte, et leur premier soin était d'assurer leur subsistance aux dépens, cela va sans dire, de ceux chez qui elles se trouvaient.

Le comte d'Armagnac, que ses possessions considérables désignaient pour être le défenseur du pays, devait, à ce titre, protéger celui-ci contre tout danger.

En échange de cette protection, il recevait de nombreux subsides moyennant quoi il passait, avec les chefs de guerre, des conventions appelées « patis » ou appatis » pour obtenir que telle ou telle province serait épargnée.

C'est ainsi que nous voyons les garnisons anglaises toucher 3.918 livres en 1425, et 12.000 fr. d'or, en 1427.

C'était le temps où un capitaine, fameux en Gascogne, André de Ribes, courait le pays, au service des anglais. On ne savait pas au juste qui il était, mais le comte d'Armagnac lui avait accordé sa protection. Etait-ce, comme on l'a prétendu, parce que tous deux partageaient les contributions de guerre ? Il est possible : en tout cas, le comte d'Armagnac lui avait donné de nombreuses terres en Agenais, en Quercy et même en Rouergue.

Un peu plus tard, vers 1431, un autre chef redoutable, Rodrigo de Villandrando, pénétrait dans notre province.

D'origine espagnole, mais issu par sa grand'-mère d'une famille des environs de Paris, Rodrigo vint en France au moment où s'annonçait la division fomentée par la rivalité des maisons d'Orléans et de Bourgogne. On a prétendu, sans toutefois pouvoir le prouver, qu'il était le même que Rodrigo inscrit sur les rôles du corps d'armée répandu en Rouergue en 1412 : quoi qu'il en soit, Villandrando acquit une telle réputation que le Dauphin jugea prudent de le prendre à sa solde.

Rodrigo fut versé dans la compagnie du maréchal de Sévérac, attachée à l'armée qui envahit le Mâconnais, en 1422, afin d'en chasser les Bourguignons ; et c'est au cours de cette campagne que l'aventurier lia connaissance avec le comte de Pardiac, frère du comte Jean IV.

Le maréchal de Sévérac était fort riche, car, à la mort de son cousin Gui de Sévérac, IXe du nom, il s'était emparé de tous les biens de sa maison. Etant lui-même le dernier de sa race, et n'ayant pas d'enfants, il testa en 1421, en faveur du comte de Pardiac.

Cela ne faisait pas l'affaire de Jean IV qui, ne voulant pas laisser échapper une succession aussi considérable, séquestra le maréchal et l'obligea à changer, au profit de son fils Jean V, ses dernières dispositions. On était en 1426 : l'année suivante Sévérac était trouvé pendu au château de Gages.

Plusieurs historiens ont accusé de ce meurtre le comte de Pardiac, lequel, disent-ils, avait voulu se venger d'avoir été déshérité : c'est l'opinion du P. Anselme adoptée par M. de Barrau, mais aujourd'hui le doute n'est plus possible. Dans un acte authentique de 1445, reproduit par Mathieu d'Escouchy, le comte d'Armagnac est déclaré formellement l'auteur de ce crime qu'il faut probablement attribuer à la crainte qu'il avait de voir le maréchal révoquer la donation de 1426.

Un des résultats de ce crime fut de déchaîner sur le Rouergue les troupes du maréchal de Sévérac, et c'est ainsi que Rodrigo fut attiré dans notre province.

Le 19 juin 1431 le bruit courait à Millau que Villandrando était aux environs de La Guiole avec 4.000 chevaux ; le 28 il entrait à Millau d'où il repartait immédiatement pour le Bas Languedoc. Une semaine plus tard il revenait en Rouergue, logeait successivement à Aguessac, à Salles-Curan, et à Montrozier. Au bout d'un mois et demi il consentait à quitter le pays, pour y revenir en 1433. Cette année-là, on signale sa présence à Montsalvy, dans la Haute Auvergne, où il reçoit le sénéchal et le procureur du comte de Rodez venus pour négocier avec lui. Le 14 mai, Raymond de Montcalm, envoyé du comte d'Armagnac, vint à Rodez et demanda un homme pour l'accompagner à Millau : Son maître, disait-il, se chargeait d'empêcher Villandrando d'entrer en Rouergue. Cet espoir se réalisa, et le 1 mars, Rodrigo quitta la province. Mais en 1435 il revient à Milau, parcourt le Larzac, où, dit la chronique, il se conduit comme eussent fait les Anglais, puis il va à Albi, d'où il revient, en 1437, pour demander aux Etats réunis à Villefranche un subside de 2.000 écus, moyennant quoi il consentirait à se retirer. Les prières du comte et de la comtesse d'Armagnac l'empêchèrent cependant de demeurer en Rouergue. A la fin de septembre il s'en alla en Quercy mener contre les Anglais une brillante campagne.

En 1438, les États, encore réunis à Villefranche, attendaient avec impatience Jean Barton, chancelier de la Marche, qu'ils avaient chargé de solliciter un subside de 10.000 livres. Grande fut leur surprise de voir arriver à sa place des délégués de Rodrigo, porteurs d'un traité aux termes duquel, en échange de 5.000 moutons, l'aventurier s'engageait à défendre la province contre les Anglais.

Pendant que l'on négociait, les lieutenants de Villandrando servirent mal sa cause en envahissant la Haute Marche dont les habitants, furieux d'être pillés, s'opposèrent à l'acceptation du traité. Le comte d'Armagnac intervint à son tour, et fit adjuger à son fils aîné la défense du Rouergue pour 8.000 écus.

Rodrigo porta ses pas ailleurs. Des compagnies anglaises occupaient le Périgord et l'Agenais : deux lieutenants de Rodrigo, Galéas et Pierre Churra parvinrent à les repousser. Les États de Languedoc votèrent des subsides et donnèrent à Villandrando la mission de conquérir le Bordelais. Après une vigoureuse campagne, l'armée de Villandrando se trouvait sous les murs de Bordeaux, dont elle ne put cependant pas s'emparer, car les Anglais ayant reçu des renforts reprenaient partout l'avantage.

Les habitants de la Guyenne et de la Gascogne ne supportaient pas sans maugréer les allées et venues de ces gens d guerre qui, tout en les défendant, ne se faisaient pas faute de les rançonner outre mesure. De son côté, Rodrigo s'efforçait d'instituer partout, à son profit, le régime fort avantageux pour lui des « patis », et comme il n'apportait pas toujours une extrême loyauté dans l'accomplissement de ses engagements, il finit par se rendre insupportable.

Le 26 mars les consuls de Rodez envoyèrent une ambassade à l'Isle-en-Jourdain, pour exposer à Jean IV « la grant raubaria » des gens de Rodrigo et des autres « routiers ».

Charles VII comprenant l'intérêt qu'il y avait à débarrasser le royaume de ces bandes de pillards, nomma le vicomte de Lomagne capitaine général en Languedoc, et lui confia la mission d'en chasser les « routiers ».

En juin 1439, le Dauphin traitait avec Rodrigo, lequel, moyennant mille écus d'or, quitta enfin la France où il ne devait plus revenir.

III.

Par la force même des choses, le comte d'Armagnac se trouvait pris entre le roi de France et le roi d'Angleterre. Quelle fut sa politique, en ces circonstances délicates ? C'est ce qu'il convient d'exposer brièvement. Elle fut « ondoyante » comme son attitude dans le Grand Schisme d'Occident, ou lors des incursions des Routiers.

Dès la mort de son père, il était allé trouver le Dauphin pour lui demander justice, tandis que le roi d'Angleterre mandait à plusieurs de ses seigneurs de recevoir au plus tôt l'hommage du fils du Connétable, de Bernard son frère, et de Charles d'Albret.

Jean IV hésita d'abord, puis il signa une alliance offensive et défensive avec le comte de Foix, le comte d'Astarac, le sire d'Albret et Mathieu de Foix, mais il ne laissait pas pour cela de négocier avec le roi Henri VI. Le 15 février 1419 un sauf conduit était expédié pour Jean IV avec une escorte de trois cents personnes, et, deux mois plus tard, Vital de Mauléon, évêque de Rodez, et Bertrand de Galard en obtenaient un autre pour se rendre en Normandie, de la part du comte, avec quarante compagnons.

Presque en même temps. Jean IV, plein de prévenances pour Charles VII, marchait, accompagné de son frère Bernard, aux côtés du Dauphin qui faisait son entrée à Toulouse.

En 1423, Charles VII convoquait au Puy les Etats de Languedoc, et il annonçait que le sire d'Albret, le comte de Foix, et le comte d'Armagnac y assisteraient.

Enfin en mars 1433, le roi d'Angleterre désignait le comte d'Armagnac comme un ennemi à ne pas ménager.

Cependant bientôt après, en 1435, Jean IV, mécontent du traité d'Arras, s'en prenait à Charles VII, et entrait dans un complot qui avait pour but d'enlever Christophe d'Harcourt et Martin Gouge, conseillers du roi, et de les remplacer par le sire d'Albret. Jean de Mancip, seigneur de Bournazel, petit fils de ce Pierre de Mancip dont parle Brantôme en son discours sur les duels, avait été chargé de préparer ce coup de main, avec le concours de Jean de la Panouse, sénéchal de Rouergue, et du seigneur de la Coste.

Tout était arrangé pour le moment où le roi arriverait à Rodez, mais celui-ci, ayant eu vent de l'intrigue, hâta son retour, et parvint ainsi à déconcerter les conjurés.

Cette même année, le comte d'Armagnac conclut une trêve avec Henri VI, et tandis que son fils, le vicomte de Lomagne, s'enrôlait sous la bannière de Charles VII, il entamait des négociations dont le résultat éventuel devait être de placer une de ses filles sur le trône d'Angleterre.

Il est probable que l'idée de cette alliance entre la maison d'Angleterre et la maison d'Armagnac était née dans l'entourage d'Henri VI qui, préoccupé des progrès incessants de Charles VII dans le Midi, désirait resserrer les liens qui l'unissaient à ces seigneurs gascons dont le concours et l'appui lui étaient indispensables.

Au mois de mai 1442, le comte d'Armagnac envoya en Angleterre une ambassade nombreuse qui avait à sa tête Jean de Batut, archidiacre de Saint-Antonin, chanoine de Rodez et plus tard évêque de Montauban.

Le 13 mai, Henri VI signait à Westminster un sauf-conduit où sont nommés les ambassadeurs du comte parmi lesquels nous citerons Bégon d'Estaing et Jean de la Panouse (1) dont il a déjà été parlé, Pons de Cardaillac, Bérenger d'Arpajon, Jean de Solages, Jean de Saunhac, Antoine du Cayla, Odon de Lomagne, Bernard de Faudoas, Bernard de Rivière, etc., etc. Cinquante autres personnes complétaient l'escorte.

Cette ambassade reçut un excellent accueil à la cour d'Angleterre, et le roi s'empressa de choisir Robert Roos, chevalier, Thomas Bekynton, évêque de Bath, et Edward Hull, écuyer, pour aller en France débattre avec le comte d'Armagnac les conditions du mariage.

Bekynton et Jean de Batut quittèrent Windsor le 5 juin, ils rencontrèrent à Enmore Edward Hull qui revenait de Guyenne et furent rejoints le 24 à Exeter par Robert Roos. Arrivés à Plymouth le 29, ils trouvèrent deux lettres du roi qui ne laissèrent pas de leur causer quelque embarras.

____

(1) A l'art. La Panouse, M. de Barrau dit que le comte d'Armagnac envoya Jean de La Panouse comme ambassadeur au roi d'Angleterre, et cela est parfaitement exact, mais d'après les termes dont il se sert, il semblerait que Jean de La Panouse fut seul envoyé, tandis qu'il partagea cet honneur avec de nombreux seigneurs du Midi.

Le comte d'Armagnac avait plusieurs filles, et Jean de Batut avait tout d'abord donné le choix à Henri VI, puis il avait ramené ses propositions à une seule d'entre elles. Mais Henri VI ne l'entendait pas ainsi, et il prétendait avoir le droit de choisir à sa guise, aussi ses envoyés jugèrent-ils prudent de solliciter de nouvelles instructions, qui leur furent envoyées sans retard. Le roi demandait qu'on lui envoyât au plus tôt les portraits des jeunes princesses afin qu'il pût se rendre compte de leur taille, de leur beauté, et même de leur teint.

Le 10 juillet on s'embarque à Plymouth sur la « Catherine » de Bayonne, et quatre jours après on franchissait la barre de la Gironde, pour débarquer à Bordeaux le 16.

Là, Jean de Batut quitta ses compagnons de route et alla à Lectoure rejoindre le comte d'Armagnac. Celui-ci, effrayé des avances qu'il avait faites au roi d'Angleterre et du succès qu'elles avaient obtenu, craignit de mécontenter trop fortement Charles VII, et dès lors il n'eut qu'un but : temporiser, et ne négliger aucun moyen de faire traîner en longueur les négociations.

Aussi est-ce en vain que Roos insiste pour obtenir une entrevue : le comte a mille occupations qui l'empêchent de l'accorder : il voudrait bien trouver un peintre pour les portraits, mais, tout compte fait, il vaudrait mieux que les envoyés d'Henri VI le choisissent eux-mêmes.

Le 24 août, Roos se plaignait de ces tergiversations et menaçait même de rompre. Batut lui répond le 15 septembre, mais, par suite de circonstances inexplicables, sa réponse n'arrive à Bordeaux que le 11 octobre ! Dans sa lettre, écrite en latin, il s'excuse de ne pas écrire en français, car « il parle difficilement la langue française et l'écrit plus mal encore », puis, après avoir protesté des bonnes intentions de son maitre, il s'efforce de réfuter les arguments de Roos.

Malheureusement celui-ci avait appris dans l'intervalle que la comtesse d'Armagnac et le vicomte de Lomagne faisaient de pressantes démarches auprès de la Dame de Tonneins pour la décider à tenter de détacher le comte d'Armagnac du parti anglais, aussi, persuadé de la duplicité de Jean IV, il répondit à Batut une lettre qui est un chef-d'œuvre d'ironie.

« Votre lettre est si prolixe que, si nous voulions la réfuter, ce n'est pas une lettre assurément, mais un livre qu'il nous faudrait faire. Pensant toutefois qu'en homme habile vous avez gardé par devers vous l'original, nous répondrons en peu de mots à chacun de vos arguments... »

Puis le même jour, dans une lettre plus calme, Roos et Bekynton demandaient l'envoi des portraits et proposaient une entrevue à Monségur.

Sur ces entrefaites Edward Hull était arrivé de Londres amenant un peintre nommé Hans.

Le 22 novembre on annonça que dans quatre jours le premier portrait serait terminé, cependant le 10 janvier Roos n'avait encore rien reçu ! En présence d'un tel mauvais vouloir, Bekynton s'embarqua pour l'Angleterre où Roos ne tarda pas à le rejoindre.

Cependant, avant son départ, celui-ci reçut une lettre du comte qui expliquait le retard apporté à l'achèvement des portraits : le froid avait, paraît-il, gelé les couleurs du peintre !

Toutes les négociations furent rompues, et, l'année suivante, Henri VI épousait Marguerite d'Anjou, nièce de la reine de France.

Le comte d'Armagnac avait réussi à tenir en échec pendant plus de six mois les envoyés du roi d'Angleterre, mais il avait mécontenté Charles VII et provoqué la campagne du Dau-

phin en Armagnac, et la prise de l'Isle-Jourdain.
C'est dans cette ville que Jean IV fut fait pri-
sonnier. Enfermé dans la prison de Carcassonne,
il y resta jusqu'en 1446, où il fut remis en liberté. Rentré à l'Isle-Jourdain, il y passa les dernières années de sa vie et y mourut le 6 novembre 1450.

Jean IV, dit M. Samaran, ne perdit pas de vue
l'œuvre méthodique d'agrandissement que ses
devanciers avaient entreprise. En 1421, il acheta
au duc de Bourbon le comté de l'Isle Jourdain
et la vicomté de Gimois, et si les efforts qu'il fit
pour s'emparer des comtés de Bigorre et de
Comminges furent vains, il n'en reçut pas moins
du roi de Castille le comté de Cangas de Tinéo,
et, du maréchal de Sévérac, tous les biens qui
composaient le patrimoine des seigneurs de ce
nom.

Malheureusement ces diverses acquisitions ne
compensaient pas la perte du comté de Pardiac,
des baronnies d'Angles et de Peyrusse, et des
vicomtés de Carlat et de Murat qu'il avait fallu
abandonner à Bernard, deuxième fils du Connétable.

On a reproché à Jean IV de manquer de dé-
cision et d'énergie, et le reproche paraît exact.

Quant à sa politique, elle fut louvoyante; plusieurs ont prétendu qu'elle fut avant tout égoïste,
et cela paraît encore vrai au premier abord, cependant pour juger sainement, il ne faut pas
oublier à quelle époque vivait le comte Jean IV.

Celui-ci était de son temps. L'unité morale du
royaume était loin d'être faite, et les sentiments
d'unité nationale qui s'imposent aujourd'hui à
notre cœur n'étaient compris en Gascogne par
personne, pas plus dans le peuple que chez les
grands seigneurs. En outre il faut remarquer
que Jean IV était contraint de ménager les anglais, ses proches voisins, et qu'il caressait le

rêve, peut-être réalisable à cette époque, de reconstituer dans le Midi une principauté analogue à l'ancien duché de Gascogne.

IV.

Jean V, connu jusqu'alors sous le nom de vicomte de Lomagne, succéda à son père Jean IV. Enrôlé sous la bannière de Charles VII, il lui suffisait, pour mériter les bonnes grâces du roi, de continuer la lutte contre l'étranger.

Mais les anglais, refoulés peu à peu, abandonnèrent la Guyenne, et Jean V ne sachant comment employer son activité, s'engagea dans une voie dangereuse.

Non content d'exercer les droits régaliens, malgré la défense formelle de Charles VII, il essaya, comme avait' fait son père, d'enlever au roi la succession du comte de Comminges, et il installa de force Jean de Lescun sur le siège épiscopal d'Auch. C'était plus qu'il n'en fallait pour mécontenter Charles VII, mais il ne s'en tint pas là et mit le comble à la mesure par le scandale qu'il donna en épousant sa sœur Isabelle d'Armagnac.

Après avoir épuisé tous les moyens de conciliation, Charles VII n'hésita pas à envoyer une armée de 24.000 hommes pour faire la guerre à Jean V.

La lutte entre le suzerain et le vassal était engagée, et elle devait se terminer, dix-huit ans plus tard, par le meurtre de ce dernier.

Si l'on acceptait la date de 1444, que plusieurs historiens, parmi lesquels M. de Barrau, assignent au mariage de Jean V avec Jeanne de Foix, laquelle vivait encore en 1473, il en résulterait que Jean V fut bigame, mais ces historiens se trompent en plaçant en 1444 un mariage qui n'eut lieu qu'en 1469, tandis que le mariage incestueux est antérieur à 1460.

Ayant reçu de quelques théologiens complaisants l'assurance que son mariage avec sa propre sœur ne dépendait que du pape, Jean V écrivit au Souverain Pontife pour lui demander l'autorisation de le contracter. Le pape répondit par une excommunication.

Sur les remontrances que lui fit Charles VII, le comte d'Armagnac promit de s'amender, mais il ne tint point sa promesse, et comme un troisième enfant était né de son union illégitime, il fit courir le bruit qu'il avait obtenu une bulle de dispense, et il obligea un de ses chapelains à célébrer publiquement son mariage.

En cette circonstance, Jean V était-il dupe ou complice?

Quoi qu'il en soit, il faut reconnaître que cette histoire de bulle n'était pas tout à fait inventée.

Il y avait à la Cour de Rome « un certain évêque d'Alet, nommé Ambroise de Cambrai, homme faux et dissimulé, prêt à tous les mensonges, habile artisan de simonie, de parole experte, d'allure élégante, de conversation agréable, large à la dépense et âpre au gain. Il gaspillait tout en compagnie de courtisanes, et ne reculait, pour se procurer de l'argent, ni devant le mensonge, ni devant le parjure. Mais il cachait ses vices avec un art merveilleux, et, mentant de mille manières, il savait paraître véridique et vertueux » (1).

Fils d'Adam de Cambrai, premier président

---

(1) Nous ferons remarquer au lecteur que c'est le pape Pie II qui s'exprime en ces termes sur le compte de l'évêque d'Alet.

au Parlement de Paris, il étudiait le droit à Orléans lorsqu'une affaire de meurtre, dans laquelle il fut impliqué, l'ayant obligé à quitter la France, il gagna l'Italie, où il obtint l'office de référendaire en cour de Rome.

Mis au fait des démarches du comte d'Armagnac, il s'empressa de lui offrir ses services, moyennant 24.000 écus, et, profitant d'une maladie du pape Calixte III, il réussit à corrompre Rodrigue Borgia, neveu du Souverain Pontife, et un scribe apostolique nommé Jean de Volterra, lequel rédigea une dispense au quatrième degré, qu'un grattage habile transforma en une dispense au premier degré. Mais, comme l'évêque d'Alet ne se pressait guère de payer Jean de Volterra, celui-ci garda devers lui la bulle de dispense.

Sur ces entrefaites, Calixte III étant mort, Pie II fut élu pape, et, l'année qui suivit son avènement, il apprit le marchandage auquel se livrait Volterra. Le scandale éclata. Pie II ordonna à Pierre de Foix, son légat en Avignon, de faire cesser la honteuse conduite du comte d'Armagnac, lequel se rendit à Macereto pour y voir le Souverain Pontife, et se plaindre auprès de lui de Jean de Volterra qui refusait de se dessaisir de la bulle à moins de quatre mille écus.

Une enquête fut ouverte. Ambroise de Cambrai prétendit que la dispense avait été obtenue par Otto del Caretto, ambassadeur du duc de Milan, mais on ne tarda pas à découvrir les déplorables antécédents de l'évêque d'Alet : simonie, parjures, faux, adultères, inceste, homicide, trahison, sacrilèges, rien ne manquait à l'énumération de ses forfaits. Cambrai et Volterra amenés devant le pape firent des aveux complets.

Quant au comte d'Armagnac, Pie II lui offrit le pardon de ses crimes moyennant certaines conditions. Le comte demanda huit jours de réflexion au bout desquels il se présenta de nouveau avec son avocat Jean Jouffroy, évêque d'Arras.

Celui-ci prit la parole et défendit le comte d'Armagnac en des termes qu'on serait bien surpris de trouver aujourd'hui dans une bouche épiscopale. « Mon client, dit-il, a été victime d'une passion excitée par les mauvais conseils, et rendue presque inéluctable par la pauvreté.

» A la mort de ses parents, le comte demeura seul avec sa sœur. *Juvenis cum juvene.* N'ayant auprès de lui personne pour l'avertir du danger, *cœpit alloqui, osculari, amplexari. Peperit amorem conversatio, flammas amor.* Cependant le comte « *sororem cognoscere absque titulo matrimonii nefas ducebat* » aussi fit-il venir les théologiens les plus en renom qui déclarèrent qu'une dispense était nécessaire, et que seul, le Souverain Pontife la pouvait accorder, comme il l'avait fait quelquefois. Ajoutez à cela l'état lamentable des finances du comte qui, ruiné par la lutte qu'il soutenait contre les anglais, ne pouvait doter sa sœur, ni la donner à quelqu'un de condition obscure. C'est ainsi que *sub spe dispensationis cognita est a fratre soror, destinata conjux.*

» Mais le comte n'est pas le premier qui ait succombé à l'amour. Les dieux antiques n'ont-ils pas succombé à la passion. Et si nous lisons l'Ancien Testament, que d'exemples !.....Faut-il s'étonner qu'un dieu soit plus fort qu'un homme ? Le comte d'Armagnac a été vaincu par l'Amour-Dieu. Il avoue sa faute : le voilà suppliant, implorant votre pardon et votre miséricorde. »

A cet étrange discours, Pie II répondit comme il le devait : « Evêque d'Arras, tu voudrais faire passer pour insignifiant un grand crime, et, à l'aide d'exemples empruntés aux Gentils, excuser l'inceste lui-même, tant tu as confiance en ton éloquence ! Mais toi, qui es évêque, ne devrais-tu pas t'inspirer plutôt de l'histoire de l'Eglise que de celle des Gentils ?

» N'as-tu pas honte de donner le nom de dieux à ceux que nos aînés ont appelés scélérats ou démons ? Quoi d'étonnant si les démons approuvent les péchés dont ils se servent pour entraîner les hommes à tous les crimes ? Pour nous, nous nous en tenons aux lois sacrées et aux institutions des saints. Les constitutions des empereurs et les rescrits des princes déclarent les incestueux infâmes, détestables et dignes du dernier supplice.

» L'Eglise est plus douce : elle ne veut pas la mort du pêcheur ; elle veut qu'il vive pour se convertir. Et pourtant la punition qu'elle inflige est sévère... »

Puis, se tournant vers le comte, le pape ajouta : « Pour toi, mon fils, nous rendons grâce à Dieu qui a rouvert tes yeux à la lumière et t'a fait rentrer dans la voie du salut. Nous louons ton humilité lorsque, implorant ton pardon, tu es venu de ton propre mouvement te soumettre à la pénitence. Pour trois raisons nous agirons à ton égard avec douceur : d'abord parce que tu es noble et que le souvenir de tes ancêtres nous porte à te traiter avec plus d'indulgence, ensuite, parce que tu fus trompé par les promesses de ceux qui te firent espérer la dispense, enfin, parce que, privé de l'héritage paternel et chassé de ta maison par le jugement de Dieu, tu as déjà subi une partie du châtiment.

» C'est pourquoi, au nom du Dieu tout-puissant dont ton péché offensa la majesté et dont ton repentir implore la miséricorde, nous t'enjoignons de ne jamais plus adresser la parole à ta sœur que tu as souillée par l'inceste, de ne lui envoyer ni lettres ni messagers, de ne jamais te trouver au même lieu qu'elle, et de promettre ces choses sous la foi du serment. Bien plus, aussitôt que cela te sera possible, prends les armes contre les Turcs, et, une année entière, combats pour la foi avec au moins cinquante lances. Enfin consacre cinq mille écus d'or à la réparation des églises et à la dot des jeunes filles pauvres. Pour ce qui est des autres pénitences, notre cher fils Bérard, évêque de Spolète, te les infligera. Accepte les sans murmure et accomplis les religieusement. »

Ainsi frappé, Jean V se rendit à Rome pour visiter le tombeau des apôtres, passa en Catalogne auprès de son cousin le prince de Viane, et revint en Italie.

Quelques mois après, en 1460, Pie II implorait, mais en vain, du roi de France la grâce du comte d'Armagnac, qui, partageant désormais son temps entre Barcelone et la petite ville d'Ainsa, (1) tout près de la frontière, attendait l'occasion de rentrer dans ses domaines.

Le 22 juillet 1461, Charles VII mourut à Mehun-sur-Yèvre, et Louis XI ordonna la révision du procès de Jean V qui, le 11 octobre, fut remis en possession de ses biens.

En dépit de la grâce que le roi lui avait accordée, il recommença à fomenter des intrigues. Retranché à Capdenac, il souleva ses sujets du Rouergue, et résista aux gens du roi. Vers la fin de juin 1463 il alla trouver Louis XI à Figeac pour se justifier et lui remettre les places de Capdenac, Sévérac et Lectoure.

Mais cela ne l'empêcha pas de participer au soulèvement du Bien Public. Dès le commencement de mai 1465, il avait pris les armes, et l'on

---

(1) Ainsa petite ville d'Espagne province d'Huesca.

voit à cette époque, en Rouergue, ses gens en train de détrousser les voyageurs, témoin le fameux humaniste italien Angelo Decembrio à qui on vola ses vêtements et ses livres. Parmi les auteurs de ce brigandage on cite George Vigouroux (1) qui obtint des lettres de rémission en 1480.

Vers les premiers jours de juin, les troupes du duc de Nemours et du comte d'Armagnac étaient en Auvergne, en route pour Etampes où elles arrivèrent à la fin de juillet. Louis XI ne crut pas devoir résister, et le 2 octobre il fit droit aux réclamations des princes alliés. Le comte d'Armagnac obtint la possession pleine et entière de tous ses domaines, et une pension de seize mille livres, puis, après avoir siégé plusieurs fois au conseil du roi, il reprit le chemin de ses états, non sans dévaster au passage la Brie et la Champagne.

Louis XI ne se faisait guère d'illusions sur la sincérité des promesses de Jean V qui ne cessait de fomenter des désordres toutes les fois qu'il en trouvait l'occasion, aussi, après avoir essayé vainement de se l'attacher en le mariant à Jeanne de Foix, il résolut de le perdre.

Ici se place le récit de la mission de Jean Boon envoyé du roi d'Angleterre Edouard IV, qu'il faut lire en entier dans le livre de M. Samaran. On y verra par quels moyens Louis XI parvint à établir la trahison du comte d'Armagnac, et si, comme cela paraît prouvé, la première déposition de Jean Boon, celle qui perdit le Comte, fut dictée par le roi lui-même, il semble bien que Jean V fut victime d'une odieuse machination et qu'il était innocent du crime pour lequel on le condamna.

---

(1) Georges Vigouroux, consul de la Cité, anobli en 1470 et dont les descendants furent seigneurs d'Arvieu.

Quoi qu'il en soit le comte d'Armagnac « décrété de prise de corps, condamné pour trahison et lèse majesté, » se laissa prendre dans Lectoure, où il fut tué le 6 mars 1473 par l'un des archers de Guillaume de Montfaucon, nommé Pierre le Gorgias.

Ainsi mourut à cinquante-deux ans, en pleine force, ce « petit homme ramassé, au cou enfoncé dans les épaules, au visage bourgeonné, aux yeux louches et aux longs cheveux roux ».

Il avait donné l'exemple des vices les plus monstrueux et de la déloyauté la plus cynique.

La cause qu'il soutint, celle de l'extension ou tout au moins du maintien du principe féodal dans le Midi, ne manquait pas de grandeur, mais il la compromit irrémédiablement par ses débauches et son manque de sens politique. Jean V ne comprit pas que les choses avaient changé depuis le temps où le connétable d'Armagnac faisait la loi dans un pays démembré, et que c'était une folie de vouloir s'opposer par la force au progrès de la royauté, enfin débarrassée du péril anglais. Ce fut cette folie qu'il paya de sa vie.

Il est cependant juste de faire observer que deux choses semblent assurer au comte d'Armagnac le bénéfice des circonstances atténuantes. C'est d'abord que les procédés employés à son égard par Louis XI, procédés indignes d'un roi, peuvent dans une certaine mesure excuser les siens ; c'est ensuite qu'il eut le courage d'aller jusqu'au bout de ses idées et d'accepter hautement la responsabilité de ses actes.

*
* *

Tel est le jugement que porte M. Samaran sur le comte Jean V. Nous bornerons là les extraits de son livre, où l'on trouve encore d'intéressants chapitres consacrés à Charles d'Armagnac et au partage de sa succession.

Ce livre est une mine précieuse pour l'histoire de notre pays, et nous serons heureux si nous avons pu contribuer à le faire connaître.

www.ingramcontent.com/pod-product-compliance
Lightning Source LLC
Chambersburg PA
CBHW071410030726

47594CB00006B/2383